Rookie STAR™
Make a Difference

10 cosas que puedes hacer para
proteger a los animales

Elizabeth Weitzman

Asesora de contenido
Lucy Spelman, D.V.M.

Asesora de lectura
Jeanne M. Clidas, Ph.D.
Especialista en lectura

Scholastic Inc.

CONTENIDO

Elefantes, tigres, cocodrilos, tucanes...

Vivimos en la Tierra con animales fabulosos. Lamentablemente, los seres humanos amenazan con destruir sus **hábitats**. Muchos de esos animales están **en peligro de extinción**. Podrían desaparecer en poco tiempo. ¡La buena noticia es que tú puedes ayudarlos! Hay muchas maneras en que puedes ayudar a proteger a los animales.

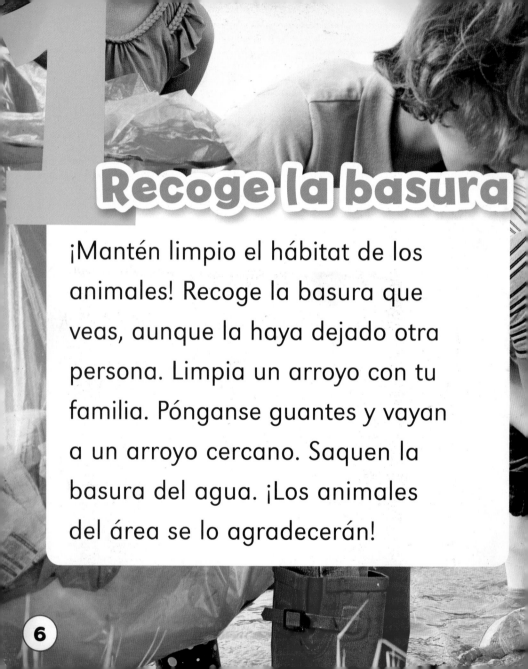

Recoge la basura

¡Mantén limpio el hábitat de los animales! Recoge la basura que veas, aunque la haya dejado otra persona. Limpia un arroyo con tu familia. Pónganse guantes y vayan a un arroyo cercano. Saquen la basura del agua. ¡Los animales del área se lo agradecerán!

Las bolsas plásticas pueden durar 1.000 años.
Son peligrosas para los animales marinos. Más de 100.000 animales mueren cada año por comer bolsas plásticas o quedar atrapados en ellas. Puedes ayudar dejando de usar bolsas plásticas en el supermercado.

Pídeles a tus padres que lleven bolsas reusables cuando vayan de compras.

Ayuda a las aves

Pregunta al director si puedes poner comederos de pájaros en tu escuela. Pon trozos de cordel en las ramas de los árboles. ¡Quizás los usen para hacer nidos!

Las abejas llevan polen de una planta a otra. Ese proceso, llamado **polinización**, permite que las plantas se reproduzcan. Algunos **pesticidas** son dañinos para las abejas, por lo que están desapareciendo. Pídeles a tus padres que no usen esas sustancias dañinas en el jardín.

de tu vecindario

Los comederos atraen a las aves cantoras.

Si tienes patio, trata de mantenerlo tan natural como sea posible. Trata de que tenga árboles y arbustos que ofrezcan refugio a los animales todo el año.

A las ardillas rayadas les gusta comer bellotas.

tu patio

Las nueces y las bayas
de esas plantas servirán
de alimento a los animales.
¡Podrías ver búhos, conejos
y ardillas allí!

El pájaro carpintero
guarda nueces en
los árboles.

**Muchos animales viven en
bosques.** Y muchos bosques, sobre
todo las selvas tropicales, están siendo
destruidos. Imagínate 150 campos de
fútbol. Serían 150 acres. Esa es la cantidad de
selva tropical que desaparece a cada minuto.
Los tigres de Bengala, jaguares y monos araña
(en la foto) son algunos de los animales que
están en peligro de perder sus hábitats.

4 Adopta de un

¿Tu familia quiere tener una mascota? Es mejor adoptar una en un refugio de animales que comprarla en una tienda de mascotas.

Los perros y los gatos son mascotas muy populares.

refugio

Los animales de los refugios han sido abandonados. No tienen un hogar seguro donde vivir.

Elige el perro más apropiado para tu familia.

Las tortugas pueden durar 100 años. ¡Eso es mucho tiempo para cuidar a una mascota!

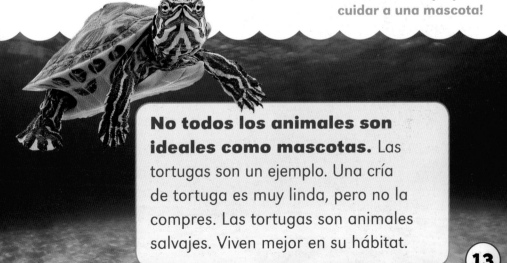

No todos los animales son ideales como mascotas. Las tortugas son un ejemplo. Una cría de tortuga es muy linda, pero no la compres. Las tortugas son animales salvajes. Viven mejor en su hábitat.

Un hogar feliz para

Las mascotas deben recibir atención médica. Lleva a tu mascota al veterinario. Pregúntale cómo debes alimentar y cuidar a tu mascota. Procura que tu mascota siempre tenga suficiente agua potable.

El veterinario te puede explicar cómo cuidar a tu mascota.

Quizás el veterinario te recomiende esterilizar o castrar a tu mascota. Eso significa que no podrá tener crías. Y eso es muy importante, pues hay muchas mascotas en los refugios. Una gata no esterilizada puede tener 100 crías o más durante su vida.

tu mascota

¡Tener una mascota
es una gran
responsabilidad!

Ayuda al refugio de animales

¿No puedes adoptar una mascota? ¡Pues adopta un refugio de animales de tu barrio! Pregúntales a los del refugio qué necesitan los animales. Puedes buscar comida o juguetes para los animales o visitarlos. Quizás hasta puedas sacarlos a pasear o jugar con ellos.

Las mascotas de los refugios necesitan cariño y atención.

Existen refugios para conejos, caballos, llamas, monos e incluso para elefantes. A veces los llaman reservas naturales. Son zonas protegidas.

17

Compra huevos

En el mercado hay muchos tipos de huevos. En algunas granjas las gallinas viven encerradas en espacios reducidos. Pídeles a tus padres que compren huevos camperos, que son de granjas donde las gallinas tienen más espacio para moverse.

Los pollos camperos viven mejor que los que crecen en jaulas.

camperos en la tienda

Muchos granjeros venden sus productos directamente a consumidores en mercados campesinos al aire libre. Allí puedes comprar huevos, queso, leche y otros alimentos frescos. Los animales que producen esos alimentos no viven encerrados en jaulas.

19

Ayuda a los animales

Muchos animales exóticos son sacados de sus hábitats. El coral, por ejemplo, debe estar en el mar, pero algunas personas lo sacan del mar

Los elefantes viven en grandes grupos llamados manadas.

en peligro

para hacer joyas
u obras de arte.
Otras hacen abrigos
con la piel de las focas.
Cuando compramos esos
artículos, ponemos más
animales en peligro.

Muchas personas no
saben que el coral
es un ser vivo.

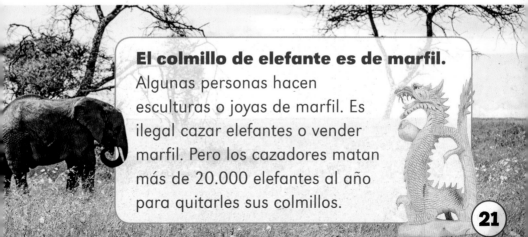

El colmillo de elefante es de marfil.
Algunas personas hacen
esculturas o joyas de marfil. Es
ilegal cazar elefantes o vender
marfil. Pero los cazadores matan
más de 20.000 elefantes al año
para quitarles sus colmillos.

Recauda dinero

Puedes ganar dinero con un puesto de limonada o una venta de pasteles. O puedes donar parte de tu mesada o pintar tus animales preferidos

¡Un vaso de limonada fría es ideal en un día caluroso!

y vender tus cuadros. Pide a tus padres o maestros que te ayuden a buscar organizaciones de defensa de los animales. Luego elige a cuál quieres enviar tu donación.

Si te gusta pintar, ¡haz una venta de tus obras!

¿No es bello este koala?
¡Y tú puedes ayudarlo! Algunas organizaciones ecológicas dejan que los niños "adopten" animales. Tu dinero ayudará a proteger a un animal en su hábitat natural. ¡Puedes adoptar hasta un tiburón blanco!

Visita granjas, reservas naturales, acuarios y zoológicos. Aprende sobre los animales que viven allí. Luego comparte con tus amigos y familiares lo que has aprendido. Mientras más se sepa sobre los animales, más felices vivirán estos en nuestro planeta.

los animales

Un chico da de comer a ovejas en una granja.

¡Hay leyes que protegen a los animales!
En EE.UU., la Ley de Especies en Peligro de Extinción protege a más de 1.000 animales, como el águila americana, el oso grizzly y el lobo gris.

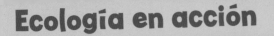

Ecología en acción

Saltar al rescate:

Quizás te preguntes si los niños pueden proteger a los animales.

Los chicos de Prodigy Cats, un club de una escuela primaria de California, lo lograron. Sabían que la rana patirroja de California estaba en peligro de extinción. Pensaron que había que hacer conciencia, así que lucharon por que se declarara a la rana patirroja como

los Prodigy Cats

Anfibio
eStatal:
CA Rana patirroja

el anfibio estatal de California. Fueron al capitolio estatal y hablaron con políticos. Pidieron apoyo a amigos y extraños. Tras mucho esfuerzo, lo lograron. En 2015, ¡la rana se convirtió en el anfibio oficial del estado! Ahora que es el anfibio oficial, muchas más personas aprenderán sobre la rana patirroja de California y querrán ayudar a protegerla.

Un hábitat

Los animales salvajes de tu área pueden hallar comida y refugio en tu patio. Este es un ejemplo de un hábitat que podrías hallar en un patio de Nueva Inglaterra.

Las ardillas y aves hacen nidos en los árboles.

Las mariposas monarca ponen huevos en las asclepias.

en el patio

Los animales pequeños se protegen del frío y los depredadores entre los arbustos.

El comedero atrae a diversas aves cantoras.

Tomillo

Perejil

Menta

Los pájaros juegan en el agua de la fuente.

Las flores atraen a las abejas y a las mariposas.

Glosario

en peligro de extinción: que está en peligro de desaparecer completamente

hábitat: lugar donde normalmente se halla una planta o un animal

pesticidas: sustancias químicas que se usan para eliminar plagas como, por ejemplo, algunos insectos

polinización: transferencia del polen de una flor a otra para producir semillas

Índice

Sobre la autora

Elizabeth Weitzman es una experimentada reportera. Ha escrito más de 25 libros de no ficción para niños. Vive en Brooklyn, Nueva York, con su familia y su bello pez betta azul, Jellybean. ¡Y ahora quiere adoptar un gato!

Más información

Visita este sitio en inglés de Scholastic para obtener más información sobre cómo proteger a los animales:

www.factsfornow.scholastic.com

Usa las palabras clave **Protect Animals**

Scholastic Inc., 557 Broadway, New York, NY 10012.

Library of Congress Cataloging-in-Publication Data
A CIP catalog record for this book is available from the Library of Congress.

Originally published as *10 Things You Can Do to Protect Animals*

Produced by Spooky Cheetah Press
Design by Judith Christ-Lafond

© 2017 by Scholastic Inc.
Spanish translation © 2018 by Scholastic Inc.

ISBN 978-0-531-22857-9 (library binding) | ISBN 978-1-338-18778-6 (pbk.)

10 9 8 7 6 5 4 3   18 19 20 21

Printed in China   62
First Spanish printing 2017

Photographs ©: cover giraffe: Mattiaath/Dreamstime; cover elephant: Klein-Hubert/KimballStock; cover grass: Anan Kaewkhammul/Shutterstock, Inc.; cover yellow butterfly: kurga/iStockphoto/Thinkstock; cover red butterfly: Cezar Serbanescu/Getty Images; cover sky: Elenamiv/Shutterstock, Inc.; back cover grass: Anan Kaewkhammul/Shutterstock, Inc.; back cover yellow butterfly: kurga/iStockphoto/Thinkstock; back cover red butterfly: Cezar Serbanescu/Getty Images; 2 top left and throughout: Africa Studio/Shutterstock, Inc.; 2 top right and throughout: Ivan Vukovic/Shutterstock, Inc.; 2-3 grass and throughout: Fedorov Oleksiy/Shutterstock, Inc.; 3 elephant and throughout: Claudiad/iStockphoto; 4: skynesher/Getty Images; 5 top right: Martin Harvey/Getty Images; 5 center right: Yenyu Shih/Shutterstock, Inc.; 5 background: skynesher/Getty Images; 6: Leland Bobbé/Media Bakery; 7 background: Leland Bobbé/Media Bakery; 8: Konrad Wothe/Minden Pictures; 9: Buddy Mays/Alamy Images; 10 chipmunk: Eric Isselee/Shutterstock, Inc.; 10 acorns: Lorraine Swanson/Dreamstime; 11 top left: arka38/Shutterstock, Inc; 11 top right: Steve & Dave Maslowski/Getty Images; 11 bottom right: Tony Camacho/Science Source; 12: skynesher/Getty Images; 13 bottom water: richcarey/iStockphoto; 13 bottom turtle: Gerald A. DeBoer/Shutterstock, Inc.; 13 top: Christopher Futcher/Getty Images; 14: Blaj Gabriel/Shutterstock, Inc.; 15: Ken Karp Photography; 16: M_a_y_a/Getty Images; 17 bottom right: David Hosking/Science Source; 17 background: M_a_y_a/Getty Images; 18 chickens: bonzami emmanuelle/Alamy Images; 19 background: Diana Taliun/Shutterstock, Inc.; 19 eggs: Diana Taliun/Shutterstock, Inc.; 20 bottom: Darren Bennett/Animals Animals; 21 top: Volodymyr Goinyk/Shutterstock, Inc.; 21 bottom right: Hemera Technologies/PhotoObjects.net/Thinkstck; 21 bottom background: Darren Bennett/Animals Animals; 22: Luke Miller/iStockphoto; 23 bottom left: ARZTSAMUI/Shutterstock, Inc.; 23 bottom right: Joanna Dorota/Shutterstock, Inc.; 23 top money: imagestock/iStockphoto; 23 top koala: Eric Isselee/Shutterstock, Inc.; 24: Monty Rakusen/Media Bakery; 25 top right: David Rasmus/Shutterstock, Inc.; 25 background: Monty Rakusen/Media Bakery; 26: Michael Durham/Minden Pictures; 27 center right: Ivan Valenzuela; 27 background: Michael Durham/Minden Pictures; 28-29: Christina S. Wald, LLC; 30 center bottom: AndrisTkachenko/iStockphoto/Thinkstock; 30 top: Tony Camacho/Science Source; 30 bottom: Konrad Wothe/Minden Pictures; 30 center top: Darren Bennett/Animals Animals.